**Luise Holthausen** wurde 1959 in Nürnberg geboren. Nach ihrer Ausbildung arbeitete sie bei einer Bank, in einer Bücherei und bei einer Tageszeitung. Seit 2002 ist Luise Holthausen freie Autorin und schreibt neben Kinderbüchern auch Geschichten für Zeitschriften und Zeitungen. Sie lebt mit ihrem Mann und ihren beiden Söhnen in Bochum.

**Heike Vogel** wurde 1971 geboren. Sie studierte an der Fachhochschule für Gestaltung in Hamburg und seit 1999 arbeitet sie als Illustratorin für verschiedene Verlage. Heike Vogel lebt mit ihrer Familie in Hamburg.

*Für Guido – L.H.*
*Für Luca und Mia – H.V.*

Zu diesem Buch gibt es ein Bilderbuchkino
unter *www.vgo-schule.de*


Noten/Melodie: Frank Meiller, Anke Dieterle
Reproduktion: Grafik & Print GmbH, Hamburg
Druck und Bindung: Grafisches Centrum Cuno, Calbe
Printed in Germany 2010
ISBN 978-3-7707-4921-8

www.ellermann.de

Luise Holthausen · Heike Vogel

# Greta sucht das große Glück

ellermann

Greta lebte im Wunderwald in einem schönen Häuschen. Greta war sauber und ordentlich. Und sehr griesgrämig. Deshalb wurde sie von allen nur Greta Griesgram genannt.
Greta war sehr stolz auf ihr Bärenhäuschen mit dem sorgsam gehegten Bärengärtchen. Nirgendwo im ganzen Wunderwald glänzten die Fenster so blitzblank geputzt und leuchteten die Vorhänge so frisch gewaschen wie bei ihr. Alle Jahre wieder gewann sie den Preis »Schönster Garten im Wunderwald«. Sie hätte also allen Grund gehabt, glücklich zu sein. Aber sie war es nicht. Ganz und gar nicht.

Gretas Nachbarn dagegen waren alle glücklich. Im Haus neben ihr wohnte Hanna Herrlich. Hanna stand den ganzen Tag in ihrer unordentlichen Küche und kochte. Jedes Mal, wenn sie den Löffel in einen ihrer brodelnden Töpfe tauchte und die Soße probierte, rief sie: »Herrlich!«

Schräg gegenüber wohnte Fabi Fröhlich. Fabi hörte für sein Leben gern Musik. Wenn er glücklich war, und das war er oft, dann drehte er die Musik laut auf und sang dazu. Und wenn er besonders glücklich war, dann tanzte er.

Gegenüber von Greta wohnte Wilma Wutz. Sie wühlte am liebsten im Dreck. Deswegen sah sie auch im wahrsten Sinne des Wortes wie ein Wildschwein aus. Aber wie ein ziemlich glückliches Wildschwein.
Und dann waren da noch Hans und Heidi Hoppel, die am Ende der Straße wohnten und immer glücklich mit ihren vielen Kaninchenkindern spielten.

»Ich will auch so glücklich sein wie meine Nachbarn«, sagte Greta zu sich selbst und machte ein noch griesgrämigeres Gesicht als sonst.

Dann schloss sie Fenster und Türen, damit sie Hanna Herrlichs Kochdünste nicht roch und Fabi Fröhlichs Musik und Gesang nicht hörte. Anschließend zog sie auch noch die Vorhänge zu, damit sie weder den Dreck von Wilma Wutz noch die Spiele der Kaninchenkinder mit ansehen musste.

Und dann pflegte und putzte Greta ihr Bärenhäuschen so lange, bis die Fensterscheiben blitzten und blinkten und sie beim Anblick der leuchtenden Vorhänge geblendet die Augen schließen musste.

Aber glücklich war sie immer noch nicht. Im Gegenteil. Sie war griesgrämiger als je zuvor.

»Es hilft nichts«, sagte sich Greta, »ich muss meine Nachbarn fragen, warum sie so glücklich sind.«

Als Erstes ging sie zu Hanna Herrlich.
»Herein, herein«, sagte Hanna. Sie stand wie immer am Herd und hatte eine Schürze umgebunden, die so eng saß, dass an einer Stelle die Naht aufgeplatzt war. Sie tauchte einen Löffel in den brodelnden Topf und schmeckte das Essen ab.
»Herrlich!«, rief sie. »Willst du auch probieren?«
»Nein, danke«, antwortete Greta und brachte sich vor ein paar Soßenspritzern in Sicherheit. »Ich habe nur eine Frage. Wie kommt es, dass du so glücklich bist?«
Hanna dachte nach. Dann sagte sie: »Vielleicht kommt es daher, dass ich so gern koche.«
»Vielen Dank für deine Antwort«, sagte Greta und ging ein wenig ratlos weiter.

Als Nächstes besuchte sie Fabi Fröhlich.
Fabi Fröhlich hatte die Musik ganz laut gestellt
und er sang dazu mit ebenso lauter Stimme. Deshalb
hörte er das Klopfen an der Tür erst gar nicht.

Als er Greta bemerkte, rief er: »Herein, herein.«
Er tanzte auf sie zu und verbeugte sich vor ihr.
»Darf ich bitten?«, fragte er und breitete seine Arme aus.
»Nein, danke«, antwortete Greta und wich zwei Schritte zurück.
»Ich habe nur eine Frage. Wie kommt es, dass du so glücklich bist?«
Fabi dachte nach. Dann sagte er: »Vielleicht bin ich deshalb so glücklich, weil ich so gern Musik höre.«
»Vielen Dank für deine Antwort«, sagte Greta und ging ein wenig ratlos weiter.

Als Nächstes kam sie zu Wilma Wutz. Greta sah auf einen Blick, dass bei ihr mal wieder ein gründlicher Hausputz nötig gewesen wäre. Aber natürlich kümmerte sich Wilma nicht darum, sondern steckte wie immer im Garten und wühlte in der Erde.
»Herein, herein«, grunzte sie.
Greta duckte sich, als Wilma mit ihrer Nase einen Brocken Erde in die Luft schleuderte.
»Ich habe nur eine Frage. Wie kommt es, dass du so glücklich bist?«
Wilma dachte nach. Dann sagte sie:
»Vielleicht kommt es daher, dass ich so gern im Garten arbeite.«
»Vielen Dank für deine Antwort«, sagte Greta und ging ein wenig ratlos weiter.

Nun blieb ihr nur noch Familie Hoppel am Ende der Straße.
Die Kaninchenkinder spielten gerade mit großem Getöse Fangen. Hans und Heidi Hoppel saßen vor dem Haus und schauten ihren lärmenden Kindern zu.
»Herein, herein. Willst du mitspielen?«, schrien die Kaninchenkinder begeistert.
»Nein, danke«, antwortete Greta und stolperte über einen rot-weiß gepunkteten Ball.
»Ich habe nur eine Frage. Wie kommt es, dass ihr so glücklich seid?«

Hans und Heidi Hoppel
dachten nach. Dann sagten
sie: »Vielleicht sind wir so
glücklich, weil wir so viele
wunderbare Kaninchen-
kinder haben.«
»Vielen Dank für eure
Antwort«, sagte Greta und
ging ein wenig ratlos nach
Hause.

Zu Hause band sie sich ihre frisch gewaschene Schürze um, holte ihre sauber gescheuerten Töpfe aus dem Küchenschrank und fing an zu kochen. Aber sie war nicht glücklich. Sie war genauso griesgrämig wie immer, wenn sie kochte.
»Warum ist Hanna Herrlich glücklich, wenn sie kocht, und ich nicht?«, fragte sich Greta. »Ich muss es genauso machen wie sie.«
Also ließ Greta die Soße überkochen und auf den Herd spritzen, tauchte ihren Kochlöffel zum Abschmecken ein und rief: »Herrlich!«
War sie jetzt glücklich? Greta wusste es nicht.

Kochen mit Genuss

Während in der Küche die Soße überkochte, ging Greta ins Wohnzimmer und stellte das Radio leise an. Aber sie war nicht glücklich. Sie war genauso griesgrämig wie immer, wenn sie Musik hörte.
»Warum ist Fabi Fröhlich glücklich, wenn er Musik hört, und ich nicht?«, fragte sich Greta. »Ich muss es genauso machen wie er.«
Und sie drehte die Musik auf volle Lautstärke, räusperte sich und fing an, falsch, aber laut mitzusingen.
War sie jetzt glücklich? Greta wusste es nicht.

Greta ging hinaus in den Garten, nahm ihren rostfreien Spaten und fing an, ein Beet ordentlich umzugraben. Aber auch dabei war sie nicht glücklich. Sie war genauso griesgrämig wie immer, wenn sie im Garten arbeitete.
»Warum ist Wilma Wutz glücklich, wenn sie in ihrem Garten arbeitet, und ich nicht?«, fragte sich Greta. »Ich muss es genauso machen wie sie.«
Und während in ihrer Küche die Soße überkochte und aus dem Radio die Musik schmetterte, warf Greta den Spaten in die Ecke und fing an, mit ihrer Bärenschnauze in der Erde zu wühlen.
War sie jetzt glücklich? Greta wusste es nicht. Atemlos hob sie die dreckige Schnauze aus der Erde.
Und da sah sie, dass sie nicht allein war.

Am Gartenzaun standen Hanna Herrlich, Fabi Fröhlich, Wilma Wutz und die gesamte Familie Hoppel und starrten sie an.
Was hatten die anderen vorhin immer zu ihr gesagt, als sie zu ihnen gekommen war?
»Herein, herein«, hatten sie gesagt.
Deshalb sagte auch Greta: »Herein, herein«, und alle antworteten: »Vielen Dank!«
Und dann kamen sie wirklich herein, Hanna und Fabi und Wilma und Hans und Heidi mit all ihren Kaninchenkindern.

Noch nie war in Gretas Bärenhäuschen so viel Besuch gewesen. Ja, wenn sie es sich genau überlegte: In ihrem Bärenhäuschen war überhaupt noch nie Besuch gewesen.
Und dieses Gefühl, das jetzt in ihrem Bärenbauch kribbelte und prickelte, das war vorher auch noch nie in ihrem Bärenbauch gewesen.

Käse

War sie jetzt vielleicht endlich glücklich?
Obwohl, alles hatte sie ja noch gar nicht ausprobiert, um glücklich zu werden.
Familie Hoppels Ratschlag mit der großen, lärmenden Kinderschar hatte sie noch nicht befolgt.
»Aber«, sagte sich Greta und lachte, »was nicht ist, das kann ja noch werden.«